Das Buch

Brave Schweizer Bürgerinnen und Bürger spüren das Außerordentliche heftig in sich pochen. Es sind Menschen von gegenüber, Menschen aus dem Dorf, Menschen, die wir alle kennen. Die weitgereisten Althippies, der Hipsterkoch und die Erfinderin der Crazy Ellipse – sie alle machen die Schweiz zu dem, was sie ist: ein Rencontrée der Sonderlinge. Ohne die Figuren ins Lächerliche zu ziehen, zeigt Anaïs Meier an ihnen das vermeintlich Unumstößliche der Gegenwart.

Die Autorin

Anaïs Meier, geboren 1984 in Bern. Sie studierte Literarisches Schreiben am Schweizerischen Literaturinstitut in Biel. Im Herbst 2021 erscheint ihr Romandebüt *Mit einem Fuß draußen* bei Voland & Quist. Ihre Erzählungen *Über Berge, Menschen und insbesondere Bergschnecken* sind ihr Prosadebüt. Sie gehört dem Autorinnenkollektiv RAUF an.

Anaïs Meier

Über Berge, Menschen und insbesondere Bergschnecken

Kurzgeschichten

Für Ursli

Inhalt

Jegliche Ähnlichkeiten mit realen Personen und Orten sind Zufall.

Über Berge, Menschen und insbesondere Bergschnecken

Berge sind hoch und fies. Sie sind aus sehr grossem Stein, stehen da und zwingen sich auf. Berge sind ungemein selbstbezogen und dominant. Wenn man einen Berg ärgert, schickt er Lawinen. Im Winter aus Schnee und im Sommer aus Schlamm und Geröll.

Die kleinen Freunde der Berge sind die Bergbäche. Einzig sie werden vom Berg geduldet. Alle anderen hasst er. Die Bergbäche haben sich über Jahrtausende langsam eine kleine Zuneigung des Berges erschleichen können. Wobei erschleichen nicht ganz korrekt ist. Sie waren einfach da und sind geblieben, ohne auch nur einmal zu widersprechen. So lange spielten sie sein Spiel mit, dass sie eigentliche Lakaien des Berges wurden. Die Bergbäche tun alles, was der Berg ihnen befiehlt.

Am Berge merkt man, wer man ist. Manche sagen, am Berg vergisst man sich selbst. Die, die das sagen, haben sich dem Berg ebenfalls unterworfen. Sie akzeptieren, ja, huldigen der Dominanz des Berges. Sie sagen, sie finden das toll, und ziehen ihre Schneeschuhe an. Das tun sie, weil sie Angst haben. Menschliche Liebe zum Berg ist immer ein Sich-vor-ihm-verbeugen. Die Menschen ducken sich vor dem Berg, obwohl der Berg viel höher ist als die Menschen. Es wäre an ihm, sich zu ducken.

Für die Jugendlichen, die im Schatten von Bergen aufwachsen, ist es ein trauriges Dasein. Deshalb bringen sich manche von ihnen um. Andere, jene, die direkt auf dem Berg ihre Jugend verbringen, schnallen sich Bretter an die Füsse und bauen Schanzen.

Mit den Brettern hüpfen sie dann über die Schanzen und hören laut Skatepunk und bilden sich dabei ein, dass sie genauso viel, wenn nicht noch mehr Spass haben als die Jugend an fernen Orten. Eine Jugend, die Berge nicht kennt, nur breite Ebenen und Meere und grosse Städte, wo sie sich ausbreiten und entfalten kann.

Dass die Jugendlichen auf dem Berg ihre Jugend mit den Brettern, Schanzen und Skatepunk als glücklich empfinden, hat mit dem manipulativen Charakter des Berges zu tun. Er verdünnt die Luft um die Menschen, die auf ihm herumturnen, damit sie debil werden und denken, sie hätten eine gute Zeit.

Die Menschen, die älter geworden sind in der Nähe der Berge, also jene, die sich nicht umgebracht haben in deren immerwährendem Schatten, sind mittlerweile derart verzweifelt, dass sie aus Ton Menschen herstellen, die noch kleiner sind als sie selbst. Diesen kleineren Menschen ziehen sie bunte Kappen an und geben ihnen kleine Garteninstrumente in die Hände. Dann betten sie sie an lauschige Orte in ihren Gärten, was ihnen kurze Momente von Humor beschert.

Eigentlich ist ihr Verhalten aber nur ein Ventil für ihre Minderwertigkeitskomplexe, ausgelöst vom Gefühl des totalen Ausgeliefertseins, das man angesichts der Gewalt, die vom Berg ausgeht, verspürt. Das ist kein kurzer Moment von Humor, den die mittelalten mittelländischen Menschen verspüren, wenn sie auf ihre Gartenzwerge schauen. Eigentlich geht es darum, dass sie sich auch wie ein Berg fühlen wollen. Die Menschen lieben ihre Gartenzwerge nicht, sie verachten sie. So wie der Berg die Menschen verachtet.

Es ist aber nicht so, dass der Berg gerne von den Menschen in Ruhe gelassen werden möchte. Im Gegenteil, oft putzt er sich heraus und macht auf schön und die Bergbäche und die Wolken, diese mitläuferischen Kreaturen, schminken ihn ansehnlich, so dass es die Menschen zu ihm hinzieht. Damit sie zu ihm hingehen und er sich lustig machen kann über sie.

Diejenigen, die oben auf den Bergen ihre Jugend mit den Brettern an den Füssen schanzenbauend verbracht haben, bekommen, wenn sie mittelalt werden, dicke braune Haut. Es ist Leder, das man aber nicht verarbeitet, weil die Menschen lieber den Tieren die Haut abziehen. Dies ebenfalls, um ihren Komplexen gegenüber den Bergen beizukommen. Die mittelalten Menschen in den Bergen ziehen es vor, Skilifte zu bauen, anstatt ihre Gesichter und Oberarme zu Handtaschen zu verarbeiten. Der Skilift ist eine Erfindung, die es einem erlaubt, aus einer Jugend, die man schanzenbauend mit einem Brett an den Füssen verbracht hat, bestmöglich Geld zu machen.

Mit dem Skilift, allgemein mit Technologie, versucht der Mensch, dem Berg zu imponieren. Dem Berg ist das völlig schnuppe. Manche Menschen, insbesondere jene, die selbst eine fast ebenso machtbezogene Persönlichkeitsstruktur haben wie Berge, treibt die herrische Gleichgültigkeit des Berges in den Wahnsinn. Umso stolzer sind sie auf die Technologie, weil die vom Menschen erfunden wurde und nicht vom Berg.

Diese Menschen, häufig aus dem Mittelland und deshalb nicht von der Höhenluft des Berges in die Debilität manipuliert, suchen sich höhere Positionen, von denen herab sie sich etwas grösser fühlen als die anderen Menschen und viel, viel grösser als Gartenzwerge. Das reicht ihnen aber nicht, denn was jene Menschen umtreibt, ist ihr tiefer, alles durchdringender Selbstwertkomplex dem Berg gegenüber. Deshalb bohren sie mit der Technologie grosse Löcher durch den Berg. Sie sagen, das sei wegen dem Import Export, der Import Export verbinde und Tunnels verbänden auch.

Der romantische Gedanke hinter dieser Aussage war einmal, dass hinter dem Berg noch mehr Menschen sein könnten, die genauso unter dem Berg leiden und mit denen man dann gemeinsam versuchen könnte, ihn in seiner Eitelkeit zu beleidigen.

Aber das einzige, was den Berg in seiner Eitelkeit beleidigen könnte, ist das Meer. Das liegt daran, dass das Meer eine sehr viel höhere sexuelle Anziehungskraft hat als der Berg. Am Meer werden Lieder mit beruhigendem Klang geschrieben, dass sich sofort alle Dinge der Welt in den Hüften wiegen. Aber das Meer ist sehr, sehr weit vom Berg und dem in ewigem Schatten liegenden Mittelland entfernt. Hier betrachten die Menschen weiterhin hasserfüllt ihre Gartenzwerge und in den Höhen betreiben die anderen, debil von der Luft, ihre Skilifte, und nie fragt sich jemand, wie es eigentlich den Bergschnecken geht.

Niemand weiss wirklich, wie es den Bergschnecken geht.

24 Hour Party People / Geständnisse einer Notfallverhütenden / Der letzte GV

(Achtung! Dieser Text blendet ernsthafte und wichtige Aspekte des Themas Verhütung, etwa sexuelle Gewalt und ungenügenden Zugang zu Verhütungsmitteln, aus. Der Text darf also als durch und durch oberflächlich und erstweltverwahrlost betrachtet werden. Rückschlüsse auf die Autorin sind übrigens unangebracht.)

1 Vorwort
2 Das Tabu der ungewollten Kinder
3 Das Prinzip Notfallverhütung
4 Grenzen seriöser Verhütung:
Die unbefleckte Empfängnis
5 Danksagungen

1

Es gibt vier Arten, wie man angemessen über Verhütung schreiben kann.

1. In Form einer religiösen Mahnschrift, geschrieben von einer sechzigjährigen dreizehnfachen Mutter mit Hepatitis C.
2. In Form eines frechen, schlüpfrigen Essays, von einer postemanzipierten Enddreissigerin mit rotem Lippenstift und einer unbemerkten Ureaplasma Urealytikum-Infektion geschrieben.
3. In Form eines erotischen Gedichts, von einer fünfzigjährigen Töpferlehrerin mit gelegentlichem Feigwarzenausbruch geschrieben.
4. In Form von Tagebucheinträgen eines vierzigjährigen Gynäkologen, der immer wieder Reisen durch die ganze Welt macht und sich in Traditioneller Chinesischer Medizin weiterbildet. (Der vierzigjährige Gynäkologe hat keinerlei Geschlechtskrankheiten, da er sich auf seinen Reisen gut schützt.)

Alle anderen Arten, über Verhütung zu schreiben, sind unangemessen.

2

Ungewollte Kinder zu haben ist etwas Schlimmes. Das wurde mir klar, als ich als Siebenjährige bei meinen Grosseltern Fernsehen schaute.

Es war eine Sendung für Erwachsene, in einem Studio gefilmt. In dem Studio stand eine blaue Trennwand, hinter der ein Erwachsener sass und mit verzerrter Stimme erzählte, dass er als Kind von seinen Eltern in der Bratpfanne gebraten worden war.

Ich fragte meine Grosseltern, warum.

Die schauten weiter in Richtung Fernseher und sagten synchron: «Weil das ein ungewolltes Kind ist.»

Während der Pubertät erfuhr ich von der Existenz zweier Halbschwestern meines Vaters und eines Halbbruders meiner Mutter.

Ich erfuhr, dass ich meine Grosseltern väterlicherseits nie kennenlernen würde, weil mein Vater ein ungewolltes Kind ist. Seine Halbschwestern sind die gewollten Kinder. Und ich erfuhr, dass ich den Halbbruder meiner Mutter nie kennenlernen würde, weil auch er ein ungewolltes Kind ist.

Ungewollte Kinder werden zuerst in der Bratpfanne gebraten, dann angeschwiegen und anschliessend aus der Familie verstossen.

Das ist für alle Beteiligten unschön, deshalb gibt es besser keine ungewollten Kinder. Meine Grosseltern: «Und darum ist es wichtig, dass der Mann eine gute Stelle hat.» Das vertrauten sie mir an, weil ich ein gewolltes Kind bin.

Gemäss meiner Grosseltern ist ein Kind dann gewollt, wenn sich Mutter und Vater seit mindestens einem Jahr gemeinsam in derselben monogamen Beziehung befinden, mindestens verlobt sind und über dieselbe Postadresse verfügen.

Diese Punkte wurden von meinen Eltern bei meiner Zeugung erfüllt. Nur leider hatte mein Vater keine gute Stelle. Eigentlich hatte er gar keine Stelle. Ausserdem rauchte er Haschisch, was ein typisches Verhalten für ein ungewolltes Kind ist. Von meinen Grosseltern weiss ich ebenfalls, dass viele ungewollte Kinder später Drogen konsumieren und keine gute Stelle haben.

Mir wurde also klar, dass ich kein ungewolltes Kind haben möchte. Deshalb verhüte ich äusserst gewissenhaft. Zum Beispiel war ich noch nie schwanger. Leider habe ich aber auch keine gute Stelle und rauche gelegentlich Haschisch.

3

Wie gesagt, ich war noch nie schwanger. Seit Jahren nutze ich in kritischen Situationen ein relativ neuartiges Angebot für sexuell aktive Frauen, die keine Kinder in der Bratpfanne braten möchten. Der Vorteil daran ist, dass man höchstwahrscheinlich nicht schwanger wird. Der Nachteil, dass man unter Umständen starke Zwischenblutungen mit Bauchkrämpfen hat, welche bis zu vier Tage andauern können.

Das Angebot heisst umgangssprachlich «Pille danach» und offiziell «Notfallverhütung».

Es greift da ein, wo ein anderes Verhütungsmittel oder die Disziplin versagt haben. In der Schweiz bekommt man die Pille danach bei der Apothekerin oder dem Apotheker, die dann fragen:

«Wann war der letzte GV.»

Wobei sie am Ende des Satzes mit der Stimme nicht nach oben gehen, deshalb ist auch bei der schriftlichen Wiedergabe kein Fragezeichen vonnöten. GV steht für Geschlechtsverkehr und nicht für Generalversammlung, das sollte beachtet werden.

Das erste Mal, als ich eine Notfallverhütung in Anspruch nahm, war etwa drei Jahre nach deren Einführung. Ich hatte bis dahin noch nie etwas von dieser für junge Frauen unter Umständen durchaus lebensrettenden Möglichkeit gehört und bereits einen Tag in Panik verbracht. Bis mir eine Freundin erzählte, sie wohne mit zwei ausgesprochen promiskuitiven Krankenschwestern zusammen, die des Öfteren ein neues Angebot namens Pille danach in Anspruch nähmen.* Meine Freundin und ich echauffierten uns darüber, welch liederliche Personen diese Mitbewohnerinnen seien, danach ging ich in Bern in die Bahnhofsapotheke und betrat die Welt der Notfallverhütung.

Seither erkenne ich notfallverhütende Frauen sofort. Oft sind sie mit ihrem Freund in der Apotheke. Der Freund steht leicht abgedreht hinter der Freundin und studiert eingehend ein Gestell mit Deodorants, während die Freundin mit niedergeschlagenem Blick über den Apothekentresen flüstert. Dann verschwindet die Freundin mit der Apothekerin in einem Raum, währenddessen der Freund sein Wissen über Traubenzuckerdragées vertieft.

Ich muss sagen, ich wurde in der Welt der Notfallverhütung herzlich aufgenommen. Die Apothekerin war eine sympathische Frau um die fünfzig. Nach erfolgter Einnahme der Pille übergab sie mir einen kleinen Strauss Rosen und sagte: «Vielen Dank und alles Gute zum Mut-

* Die übrigens beide wegen Geschlechtsverkehr mit Zufallsbekannten jung schwanger wurden und das, obwohl beide gewollte Kinder waren, denn sie hatten eine gute Stelle und rauchten kein Haschisch.

tertag.» Ich schaute sie konsterniert an, sie begann zu lachen und meinte, heute sei Muttertag und sie gäben allen Frauen einen Blumenstrauss.

Meine weiteren Begegnungen waren leider weniger freundlich.

Baden-Württemberg, 2008: In der Apotheke werde ich darüber informiert, dass hier die Pille danach nur nach einer ärztlichen Untersuchung verschrieben wird. Da Wochenende ist, gehe ich zum Marienkrankenhaus, welches in der Nähe meiner Wohnung liegt. Dort warte ich drei Stunden in der Notaufnahme, bis mir ein Arzt mitteilt, er werde mir kein Rezept ausstellen, da dies ein katholisches Krankenhaus sei und das Prinzip der Notfallverhütung eine Sünde.

So hatte ich das bis anhin nicht angeschaut.

Ich überdenke kurz meine Situation und komme zum Schluss, dass eine ungewollte Schwangerschaft in meiner Situation die grössere Sünde wäre.

Das katholische Krankenhaus befindet meine Gründe jedoch als nicht stichhaltig genug, um eine eventuelle Befruchtung meiner ungläubigen Eizelle zu verhindern.

Langsam werde ich nervös, denn nach dem verunglückten GV bleiben, je nachdem, wo im Zyklus man sich gerade befindet, maximal 24 Stunden Zeit, in denen Notfallverhütung zu fast 100 Prozent wirksam ist. Nach 24 Stunden nimmt die Wirksamkeit stündlich ab. Befindet man sich kurz vor dem Eisprung, muss man die Pille sofort einnehmen. Dann ist es eine Frage von wenigen Stunden.

Ich gehe als nächstes in ein Krankenhaus, das keine Maria im Namen trägt. Mittlerweile ist es nach Mitternacht. In diesem zweiten Krankenhaus wird mir gleich zu Beginn erklärt, dass nur gewisse Frauenärzte dazu befugt seien, die Pille danach zu verschreiben, und ein solcher befinde sich momentan nicht im Haus. Ich bin langsam verzweifelt und sage, es sei aber doch wichtig, dass ich die Pille so schnell wie möglich einnähme, worauf die Krankenschwester erwidert, nein, es spiele keine Rolle. Man habe immer 63 Stunden Zeit für eine erfolgreiche Notfallverhütung.[**]

Zuhause frage ich meine Mitbewohnerin, eine neunzehnjährige Krankenschwester in Ausbildung, ob das stimmt. Sie bejaht.[***]

** Was völliger Schwachsinn ist. Die Frau hatte entweder eine kümmerliche Ausbildung erhalten oder sie war bösartig oder sie steckte mit der Papstmafia unter einer Decke.

*** Vier Monate nach diesem Vorfall war auch diese Krankenschwester schwanger.

Am nächsten Tag bekomme ich einen Termin bei einem Frauenarzt, der sich weigert, mir ein Rezept auszustellen, wenn ich mich vorher nicht gründlich und auf äusserst grobe Art von ihm untersuchen lasse. Die Untersuchung hinterlässt ein nachhaltiges Gefühl von Übergriffigkeit. Als ich ihm sage, dass man in der Schweiz die Pille danach einfach so in der Apotheke holen kann, meint er, dass das Ergebnis eines solchen Umgangs mit Notfallverhütung liederliche junge Frauen wie ich seien.

Basel, 2014: Im Wissen, dass man in der Schweiz solchen Behandlungen wie in Baden-Württemberg nicht ausgesetzt ist, suche ich die Blösi Apotheke auf. Einerseits ist sie nah, andererseits hat sie einen lustigen Namen.

Ich erkläre der Drogistin mein notfallverhütendes Anliegen, worauf diese geheimnisvoll zu kichern beginnt und meint, sie hole den Apotheker. Der Apotheker der Blösi Apotheke ist nur knapp älter als ich, aber offensichtlich verheiratet (Ring am Finger) und tendenziell christlich (Kreuz am Hals). Er erzählt mir sofort und ungefragt, was er von diesen Frauen hält, die immer Party machen, mit unbekannten Männern ins Bett gehen und wenn es ihnen grad passt, ein bisschen die Pille danach nehmen und dann wieder Party machen.

Spätestens als er mir die Tablette übergibt und sagt: «Heute Abend aber jetzt mal nicht Party, Party, Party» und dazu rhythmische Bewegungen mit seiner zur Faust geballten Hand macht, weiss ich, dass die Situation in der Schweiz der in Baden-Württemberg manchmal in nichts nachsteht. Jedenfalls nicht in der Blösi Apotheke.

4

Das katholische Marienkrankenhaus, der Frauenarzt und der Apotheker der Blösi Apotheke Basel haben alle eines gemeinsam: Sie glauben an die unbefleckte Empfängnis. Umso grössere Freude hätten sie deshalb an der folgenden Geschichte, die sich wirklich so zugetragen hat:

Im Jahr 1999, kurz vor dem Millennium und fast exakt zweitausend Jahre nachdem Maria, der späteren Mutter Gottes, ein Engel erschienen war, wiederholte sich in der Gemeinde Schaffhausen am Rheinfall das Wunder der unbefleckten Empfängnis.

Die ProtagonistInnen dieses neuzeitlichen Wunders heissen Steffi[****](13) und Manuel[*****](13). Die beiden sind seit zwei Wochen ein Paar.

Am Mittwochnachmittag ist Manuels Mutter am Arbeiten und Steffi kommt zu Besuch. Die beiden ziehen sich

**** Wirklicher Name der Autorin bekannt.

***** Wirklicher Name der Autorin nicht bekannt.

bis auf die Unterhosen aus und reiben dann ihre Unterkörper durch Steffis Snoopy- und Manuels Batman-Unterhose aneinander. Irgendwie wird etwas feucht, jedenfalls sind sie danach nicht sicher, ob das jetzt verhütet war oder nicht. Steffi geht mit ihrer besten Freundin Manuela******(13) in die Migros und kauft einen Schwangerschaftstest. Der Test ist positiv. Und das nur eine Stunde nach dem nicht erfolgten Geschlechtsverkehr!*******

Manuel steht heute auf Männer (eigentlich damals auch schon) und was aus Steffi wurde, ist nicht bekannt. «Schadeeheheheeeee» singen nun die Belegschaft des Marienkrankenhauses, der Frauenarzt in Baden-Württemberg und der Apotheker der Blösi Apotheke in Basel im Chor, während sie sich sanft im Schiff einer Kirche hin und her wiegen, als sich plötzlich der Boden unter ihnen auftut und sie verschlingt. Sie alle werden in den nächsten Jahren als ungewollte Kinder wiedergeboren werden. Ich empfehle deshalb im Zweifelsfall die Pille danach. Oder möchten Sie die Belegschaft des Marienkrankenhauses zum Kind haben?

Eben.

****** Wirklicher Name der Autorin nicht bekannt.

******* Später merken sie, dass sie die Bedienungsanleitung falsch gelesen hatten.

5

Ich danke der 24 h Achillea Apotheke Bern Bahnhof für ihren Humor und das Verständnis dafür, dass eine Neunzehnjährige nicht schwanger werden möchte; dem Marienhospital Stuttgart für die interessante Einführung in den angewandten Katholizismus; dem Gynäkologen Herrn Dr. Ulrich in Ludwigsburg für seine wie-auch-immer Einschätzung der Notfallverhütung in der Schweiz und für die durch ihn gewonnene Erkenntnis meinerseits, dass ich seine Praxis nie wieder betreten werde; sowie insbesondere Herrn Dr. C. A., Apotheker und Leiter der Blösi Apotheke Basel, für seine wertvollen Party-Tipps.

Seine Frau

1

Tatsächlich. Es juckt ihn sehr am Kopf. Wenn er sich kratzt, ist da was. Er fragt seine Frau, ob da was sei, aber die lacht und meint, er könne heute ja nochmal zum Arzt.

Er fühlt sich nicht ernst genommen. Der Spiegel ist beschlagen, seine Frau hat gerade geduscht, natürlich.

Er tastet nochmal. Da ist etwas.

Seine Frau ist sehr reinlich. Wenn man es richtig anstellt, kann man sich auf der Küchenzeile erkennen.

Er schaut und schaut, aber das, was da ist, ist hinten am Kopf. Resigniert öffnet er den Kühlschrank. Er ist ein begeisterter Zwischendurchesser, vor allem Essiggurken haben es ihm angetan. Essiggurken in allen Variationen, momentan favorisiert er die mit Knoblauch.

Das Glas ist da. Zum Glück. Es ist zwar noch nie vorgekommen, dass es fehlte, aber manchmal träumt er davon. Er öffnet den Deckel und spürt sofort das angenehme Nass an seinen Fingern. Nach fünf Gurken ist das Glas leider schon wieder leer. Er wird im Vorratskeller ein neues holen müssen.

Auf den letzten Stufen der Treppe, im Dunkel des Kellers, ein paar Schritte vom Lichtschalter entfernt, spürt er es wachsen. Er ist sich ganz sicher, wagt aber nicht, es zu berühren.

Er könnte umkehren. Das weiss er. Er könnte umkehren, doch er will zu seinen Gurken.

2

Im Keller modert das Holz.

Im Dunkeln funkeln die Gurken grün durch die Gläser. Ihr Grün ist überirdisch, leuchtet ihm seinen Weg und lässt ihn gleichzeitig in Ehrfurcht vor so viel Schönheit erstarren. Ihm ist ganz schummrig, der Moment erscheint ihm sehr intim.

Oben hört er seine Frau staubsaugen. Sie röhrt über ihm und ihm ist, als würde ein eigentümliches, tiefes Brummen von den Gurken kommen. Sie bewegen sich aber nicht.

Die Gurken schwimmen in ihren Gläsern auf den modernden Holzregalen im Keller und leuchten ihn an. Er spürt eine Kraft.

Diese Kraft, er spürt sie so intensiv, dass er nicht bemerkt, dass seine Frau hinter ihm steht. Als sie sich räuspert, erschrickt er. «Hier unten sollte auch mal wieder gut durchgeputzt werden», sagt sie.

Er antwortet nicht. Seine Frau ist unsensibel.

«Holst du dir Gurken?»

«Ja.»

Sie schweigen eine Weile. Dann sagt seine Frau: «Also dann, ich habe zu tun.»

Ihm ist, als hätte er einen leichten Vorwurf in ihrem Tonfall gehört. Das stört ihn nicht. Was ihn stört, ist seine Frau, dass sie das Licht anschaltet, als sie hinausgeht.

Kaum ist sie weg, wird die Kraft wieder stärker. Er begreift, dass die Kraft ihm gilt, ihm allein. Jemand oder etwas will Kontakt zu ihm aufnehmen, und er ist der Auserwählte dazu. Ihm wird klar, dass es kein Zufall ist, dass er sich gerade jetzt in diesem Keller befindet. Er löscht das Licht. Als er sich umdreht, leuchten die Gurken wieder in diesem übersinnlichen Grün.

Er hört ein Klopfen.

Regelmässig. Klopf, klopf.

3

Es kommt von der Decke, direkt über den Gurken. Dreck und Schutt rieseln herunter, direkt auf die Gurkengläser, die Regale beginnen zu wackeln. Gleich werden die Regale umfallen, mit ihnen die Gurkengläser, die auf dem Boden zerschellen werden, und die Essiggurken, die einzeln und hilflos über den kalten Boden kullern werden. Die Kraft, sie drückt immer stärker auf seinen Hinterkopf. Er hebt seine Hände, um die Stelle zu berühren, seine Hände darauf zu pressen.

Im Wohnzimmer oben schiebt seine Frau das schwere Sofa über den Boden. Sie hört ein seltsames Jaulen aus dem Keller, dann ein Rumpeln. Sie hält inne, schüttelt traurig und besorgt den Kopf.

Sie geht die dunkle Treppe zum Keller hinab.

Der Keller ist schwarz. Sie betätigt den Lichtschalter.

Es blendet, sie kneift die Augen zusammen. Als sie sie wieder öffnet, liegt vor ihr im gelben Licht auf dem Boden ihr Mann. Die Regale mit den Gurkengläsern sind umgefallen. Die Gurken liegen einzeln auf dem Boden und um ihren Mann herum verstreut. Die Augen ihres Mannes sind weit aufgerissen, seine Arme unnatürlich nach hinten verrenkt. Als sie näher tritt, sieht sie an seinem Hinterkopf eine ungewöhnlich grosse, pulsierende Essiggurke.

Seine Frau hält sich die Hand vor den Mund. Ist er wohl an einem Herzinfarkt gestorben.

Urbane Genüsse

Seit Kochen nicht mehr das ist, was Mutter am besten kann, seit Kochen mehr ist als ein Hobby, seit es eine abgehobene Kunstform vor allem auch für Männer ist, ist für die Praktizierenden dieses neuen Lebensstils der alltägliche Nahrungskauf zu einem ausserordentlichen Abenteuer der Sinne geworden.

Betritt der zeitgenössische Gourmet ein geläufiges Lebensmittelgeschäft, z. B. den Coop Wiedikon, tut er dies nie uninspiriert. Bereits auf der Rolltreppe bläht er seine Nüstern und spätestens ab dem ersten Früchte- oder Gemüseregal kennt er kein Halten mehr. Sich in einer orientalischen oder mindestens mediterranen Markthalle wähnend, schnuppert er an Randen, klopft auf Melonen, lauscht an Kohlraben und lässt seine Nasenhaare sanft über Aprikosen streichen. Für den zeitgenössischen Gourmet ist Essen einzukaufen ein sinnliches Erlebnis, welches er mit dem ganzen Körper erfahren will. Seine Vorbilder Yotam Ottolenghi und Jamie Oliver machen es schliesslich nicht anders, nachdem sie den Verkäufer hinter dem Gemüsestand per Handschlag begrüsst haben.

Auf der Suche nach dem ultimativen Geschmackserlebnis geht der zeitgenössische Gourmet unkonventionelle Wege, denn er ist ein kreativer Mensch. Und doch bodenständig: Das Wichtigste ist ihm, dass die Produkte frisch und regional sind. Verständlich also, dass er nachts, wenn seine Träume besonders schön werden und er vor Freude im Schlaf aufschreit, dass er dann träumt, dass ihm ein Biofleischbauer kollegial auf die Schultern klopft. Ein Schulterklopfen unter Brüdern mit Sinn für Qualität. Qualität ist momentan nicht nur in, sondern auch wichtig. Qualität ist in Zeiten, da hungrige Menschen auf der Flucht im Mittelmeer ertrinken, wenn man im Globus Delicatessa 5 Franken für ein Bürli* bezahlt. 5 Franken, die gut angelegt sind, denn es handelt sich nicht um ein normales Bürli. Nicht nur ist es ein original Zürcher Bürli, gebacken nach Originalrezept, auch hat der Bauer (Urs Erni aus Mettmenstetten) den Boden vor der Aussaat mit Globuli behandelt. Der Müller (Roland Frick aus Meilen, vor wenigen Jahren noch erfolgreicher Werbetexter, bis er sich an seine Wurzeln erinnerte, nämlich wie seine Grossmutter selber Brot gebacken hat, was ihm eine enorme Erdung verschaffte, und daraufhin hat er eine alte Mühle bei Meilen gekauft, mit einem lokalen Kleinbetrieb nachhaltig renoviert und seine Firma «Aufs Korn» gegründet) mahlt in der Tradition einer vor hundert Jahren ausgestorbenen Mahlart aus dem hinteren Mendrisiotto. Das alles erzählt uns der zeitgenössische Gourmet im Fernsehen, denn er macht mit bei «SRF bi de Lüt – Mannechuchi» und lässt sich beim sinnlichen Einkauf eben

* Bürli = Ostschweizer Brötchen

dieses Bürlis filmen. Das alles wird von Bauer Fritz Näf aus Rüti mit Staunen betrachtet, als er nach einem anstrengenden Tag vor dem Fernseher sitzt. Zu Essen gibt es aufgewärmte Nudeln von gestern mit Apfelmus aus der Dose und Cervelat, von seiner Frau alles liebevoll zu einem Menu zusammengekocht. Er selbst kocht nicht, weil ein Bauer kocht nicht, weil Männer, die kochen, das ist schwul.

Pro Specie Rara

Wollte man den Yodli treffen, hatte man einen langen Weg vor sich. Einen Weg durch das Dorf, das sicher, wenn auch nicht im geografischen Sinn. Der Weg zum Yodli konnte gegen fünfzig Jahre dauern, was in keiner Weise adäquat zur Dauer des Fusswegs durch das Dorf war.

Erreichte ein Lonza das Dorf und bezog ein neues Nestle (es kam niemals vor, dass ein Lonza ein bereits bestehendes Nestle bezog, denn darin wohnten die Emser und die zogen niemals aus), dann erwartete ihn niemand. Wenn der Lonza sein Nestle bezogen hatte und sich auf dem Dorfamt meldete, dann wurde er nicht begrüsst. Ein Lonza durfte während zwanzig Jahren von keinem Emser begrüsst werden, so war es die Pflicht.

Es war auch die Pflicht, dass im Dorf nur selten, wenn das Dorf nämlich kein Geld mehr hatte, ein neues Nestle gebaut wurde. Alle Nestles des Dorfes waren im gemeinschaftlichen Besitz der Emser, und Lonzas mussten übermässig hohe Mieten bezahlen. So lebten die Emser eigentlich von den Lonzas, und dafür hassten sie sie. Es war ihnen unangenehm, dass sie nicht ohne ihr Geld auskamen. Geld, das von ausserhalb stammte.

Trotzdem war es beliebt, in dem Dorf zu wohnen, denn es war sehr schön gelegen und seine Häuser und die Emser mit ihren Pflichten gehörten zum UNESCO-Weltkulturerbe. Gerade im Winter feierten sie viele Pflichten, die im ganzen Land bekannt und einzigartig waren und mit denen die Touristenbüros warben.

Die Emser widmeten ihre Pflichten dem Yodli, einer sagenumwobenen Gestalt, von der niemand ausser den Emsern wusste, wer oder was sie war oder ob sie überhaupt existierte.

Dem Yodli gehörte das älteste Nestle des Dorfes, ein kleines Gebäude mit einem sauber gepflegten Garten. Jeden Tag gingen dort gewählte Emser mit Essen und Putzmitteln ein und aus, pflegten die Geranien auf den Fenstersimsen und mähten den Rasen. Der Rasen eines Emsers darf nicht höher als 3 cm und nicht niedriger als 2,75 cm sein. Den gewählten Emsern war es verboten, ausserhalb des Nestles des Yodli über den Yodli zu sprechen.

Der Kirche waren die Pflichten der Emser lange ein Dorn im Auge. Es sei heidnisch, was in diesem Dorf geschehe, hiess es, vielleicht sogar des Teufels.

Aber abgesehen von ihren Pflichten waren die Emser sehr brave Schweizer: Sie assen viel Raclette und auch Fondue und gingen jeden Sonntag in die Kirche. Ausser natürlich wenn eine Pflicht war, dann blieb die Kirche leer, beziehungsweise sie wurde gar nicht geöffnet, denn auch der Pfarrer war ein Emser. Über die Jahrhunderte waren immer wieder Lonzas in der Mission Gottes in das Dorf geschickt worden, aber alle gaben bald wieder auf. Schliesslich beschloss die Kirche, das Dorf in Ruhe zu lassen, da nirgends in der Schweiz die Rasen gepflegter waren als hier und bekannterweise nur gute Christen gepflegte Rasen haben.

Nebst der ominösen Figur des Yodli war die Pflicht des Schabzigers etwas, das einerseits für Faszination, aber auch für Respekt gegenüber dem Dorf sorgte. Die Pflicht des Schabzigers besagte, dass alle drei Monate bei Vollmond ab Einbruch der Nacht keine Frauen und keine Kinder ihr Nestle verlassen durften, denn dann ging der Schabziger um. Der Schabziger, so hiess es, lebte in einem Verlies unter dem Nestle des Yodli. Dort bekam er nichts zu essen und nichts zu trinken und nichts zu vergewaltigen. Die Emser, die den Schabziger jeweils frei liessen, waren mit Toblerone und Ricola bewaffnet, das halte den Schabziger ab, hiess es. Zum Essen und zum Trinken stellte man ihm reichlich Bier, Essig und Sauerteigbrot hin. Es hiess, die Mutter des Schabzigers sei eine Essigmutter gewesen und sein Vater sei der Yodli. Selten war es vorgekommen, dass eine arme Emserin oder ein armes Emskind in einer Nacht des Schabzigers das Haus verlassen musste. Böse zugerichtet, wenn sie denn überlebten, und von grosser Scham befallen, fanden sie nie wieder in die Mitte des Dorfes zurück. Die Emser, die den Schabziger in jenen Nächten frei liessen und wieder einschlossen, durften den armen Kreaturen leider nicht helfen, denn das hätte den Yodli verärgert.

So also lebten die Emser mit ihren Frauen, Kindern, dem Yodli, dem Schabziger und ihren Pflichten in ihrem Dorf.

Wenige Lonzas hielten es zwanzig Jahre lang aus, nicht gegrüsst zu werden. Einer der wenigen, die es schafften, war der Lonza Res Bungert, auch genannt Bungertreslonza oder Bunggoza.

«Der Bunggoza hat einen harten Schädel», sagten die Emser anerkennend, und nach zwanzig Jahren, in denen er seine Frau an den Schabziger verloren hatte und der Bunggoza noch immer stolz den Rasen vor seinem Nestle mähte, da nahmen ihn die Emser in ihren Kreis auf. Fortan musste er weder Miete noch Steuern bezahlen und er durfte mit den anderen Emsern für den jährlichen UNESCO-Pflichten-Kalender des National Geographic posieren. Er pflegte das Haus des Yodli und lernte, den Schabziger in Schach zu halten. Der Lonza Res Bungert schien an seinem Lebensziel angekommen zu sein, als er plötzlich eine Laktoseintoleranz entwickelte. Sofort wurde er aus dem Dorf verstossen. In der Folge wandte sich der Bunggoza an die Presse. Er werde die geheimen Pflichten der Emser verraten, verkündete er. So weit kam es aber nicht, da er einige Tage darauf auf einer «Herr der Ringe»-Tour in Neuseeland beim Bungee Jumping verstarb.

Weihnachten in der Schweiz

Früher hatte Anni viel Geld und sechs Geschwister. Anni war die Älteste, dann kamen fünf Mädchen. Dann kam Ruedi.

Als einziger Sohn erbte Ruedi alles. Die Vorfahren von Anni und Ruedi hatten seit Jahrhunderten zu den vermögendsten Bauern der Umgebung gehört. Ruedi verkaufte sein Erbe und musste sein Leben lang nie arbeiten. Das einzige, was er zu tun hatte, war, Geld auszugeben. Das machte er gut. Jetzt hat er kein Geld mehr.

Anni hatte sich von einer Firma anstellen lassen. Dort hatte sie sich hochgearbeitet und dann den Chef geheiratet. Der Chef starb vor zwanzig Jahren. Anni ist dreiundneunzig. Die Unfälle mit ihrem Mercedes häufen sich, aber sie weigert sich, den Fahrausweis abzugeben. Ihr jüngerer Bruder Ruedi musste seinen Mercedes schon lange abgeben, weil er ihn sich nicht mehr leisten konnte.

Jetzt hat auch Anni kein Geld mehr. Dafür hat sie zwei Söhne. Der eine heisst wie ihr Bruder, Ruedi, der andere Beat. Beide wohnen noch zuhause bei Anni. Ruedi, ihr Sohn, hat das Geld schlecht investiert. Er hat es in Polinnen investiert. Das Geld ist weg, doch Anni hält an ihrem Mercedes fest.

Einmal fuhr sie auf einen Kreisel zu.

Draussen schien die Sonne, die Klimaanlage funktionierte tadellos. Ein Windhauch umspielte sanft die Haare ihres Nerzmantels. Es war ein guter Tag und Anni war zufrieden mit sich und ihrem Auto.

Da ertönte hinter ihr die Sirene eines Rettungsfahrzeuges. Anni fuhr gemächlich weiter. Die anderen Autos fuhren zur Seite, um dem Rettungsfahrzeug Vortritt zu lassen. Anni fuhr noch immer gemächlich weiter. Das Rettungsfahrzeug drängte sie von der Strasse ab und auf den Kreisel. Da sass sie nun mit ihrem Mercedes in einer vertrockneten Blumenrabatte auf dem Kreisel und wusste nicht, ob ihr Auto womöglich einen Schaden davongetragen hatte. Als sie sich bei der Polizei darüber beklagte, gab man ihr eine Busse. Ob solcher Ungerechtigkeit konnten die Haare an Annis Mantel in grosse Verzweiflung geraten.

Das war zu Zeiten geschehen, als Anni noch stolz darauf gewesen war, Witwe und Mutter von Unternehmern zu sein. Das hatte sie gegenüber ihren fünf jüngeren Schwestern, die allesamt Bauern geheiratet hatten, immer gerne hervorgehoben. Die jüngeren Schwestern hatten Ruedi bis zur totalen Selbstaufgabe verhätschelt, so wie es ihnen von ihren Eltern befohlen worden war. Anni war die einzige gewesen, die sich manchmal getraut hatte, etwas gegen die Eltern zu sagen. Die Eltern, das war der Vater.

Die Mutter war immer am Krampfen oder strickte Socken. Manchmal wussten die Kinder gar nicht mehr, ob die Mutter überhaupt sprechen konnte.

Einmal träumte eine der Schwestern, Annerös, dass der Mutter anstelle eines Mundes eine Socke gewachsen war. Die Socke war an der Stelle am Gesicht angewachsen, wo der Fuss in die Socke geführt wird. Im Traum versuchte die Mutter zu sprechen, aber es kam kein Ton heraus. Alles, was passierte, war, dass sich die Socke aufblähte und wie ein wollener Rüssel vor dem Gesicht der Mutter hin und her schwang. Annerös erzählte ihren Schwestern am nächsten Tag unter Weinen davon. Die Schwestern begannen umgehend, Annerös zu schlagen und vor sich hin zu beten. Diese Reaktion fanden alle sehr angemessen. Die Familie gehörte der Gemeinde der Stündeler an.

Anni war mit zwanzig Jahren aus der Gemeinde aus- und der Freisinnigen Partei beigetreten. Die Familie verfluchte sie, sie hatte sich schon immer für etwas Besseres gehalten. Ruedi trat mit achtzehn Jahren aus der Gemeinde aus, die Familie war untröstlich, der Bub wird hoffentlich wieder zurück zum Herrgott finden. Während die verbliebenen Schwestern andere Bauern und Stündeler heirateten, trank Ruedi Schnaps, rauchte, trug eine Tolle auf dem Kopf und fuhr illegale Autorennen. Anni war sich derweil entweder noch immer am Hocharbeiten oder hatte bereits den Chef geheiratet. Kontakt hatten Ruedi und Anni damals keinen.

Dann, später, begannen die Schwestern zu sterben. Eine von ihnen, Annemarie, hatte sich, obwohl der Arzt ihr dringlich davon abgeraten hatte, mit dreiundachtzig und bei kühlem Herbstwetter, in einem See erneut taufen lassen. An der Taufe holte sie sich eine Lungenentzündung. An der Lungenentzündung holte sie sich den Tod.

Ruedi wohnt heute zusammen mit seiner Frau in einem grossen Haus in einem kleinen Dorf. Das Haus können sie sich eigentlich schon lange nicht mehr leisten.

Sie haben nur noch ein Auto, welches sie sich teilen müssen, einen Toyota. Und sie haben nur noch einen Fernseher, vor dem Ruedi ganztägig schläft, mit der Fernbedienung fest in seiner Hand.

Anni wohnt noch immer zusammen mit ihren Söhnen Ruedi und Beat. Ruedi, der Annis Geld falsch in Polinnen investiert hatte, kümmert sich noch immer um die Finanzen der Familie.

Sie müssen jetzt sparen. Deshalb gibt es auch bei Anni zuhause nur noch einen Fernseher, welchen sie bis abends um zehn Uhr benutzen darf. Nach zehn Uhr will Ruedi seine Pornos und Finanzsendungen schauen.

Beat ist meistens in Polen. Ruedi und Beat sagen beide, dass sie nach Annis Tod endlich bei ihrer Mutter ausziehen werden. Beat will sich dann ganz in Polen niederlassen. Ruedi sagt, er werde nach Thailand auswandern, da er mit Polen schlechte Erfahrungen gemacht habe. Bis sie stirbt, bleiben sie aber noch bei ihr wohnen und stellen sicher, dass sie ab zehn Uhr den Fernseher frei gibt.

Zu Weihnachten hat Ruedi seiner Mutter dann in einer spontanen, grosszügigen Geste vierhundert Franken zur freien Verfügung geschenkt. Davon gab sie zweihundert Franken ihrem Bruder Ruedi, der damit in den Sternen ging und sich so fürchterlich betrank, dass er nicht mehr alleine gehen konnte. Die Kollegen versuchten ihn zu stützen, aber Ruedi ist hundertdreissig Kilo schwer.

Die Kollegen, die selbst auch genug getrunken hatten, konnten Ruedi nicht helfen. Sie versuchten es auf alle möglichen Arten, aber schliesslich mussten sie warten, bis der Wirt den Sternen geschlossen hatte, damit sie Ruedi gemeinsam in dessen Auto hieven konnten.

Anni hatte natürlich keine Freude am Verhalten ihres Bruders. Zuerst wollte sie den Kontakt wieder abbrechen, doch dann beschloss sie, die Geschichte zu vergessen. Mit fünfundneunzig Jahren musste sie sich mittlerweile eingestehen, dass sie ihren Bruder eigentlich mochte. Sie wolle noch so viel Zeit mit Ruedi verbringen, wie sie könne, sagte sie.

Seither gehen die beiden jeden Donnerstag zusammen zum Mittagstisch. Das Menu dort kostet nur fünfzehn Franken. Aber wenn Anni mit ihrem Mercedes Benz vorfährt, findet Ruedi, macht sie immer noch einen ziemlich hochnäsigen Eindruck.

Über das Frauengefängnis

Das Frauengefängnis Hindelbank wird geschlossen. Das ist, was heute in der Zeitung stand. Im Jahr 2020, heisst es, haben sie in Witzwil, neben dem Männergefängnis, eine neue Anstalt gebaut.

Das Frauengefängnis, das einzige in der deutschsprachigen Schweiz, bestand seit Ende des 19. Jahrhunderts.

Ich bin in Hindelbank aufgewachsen. Als ich dort Kind war, gab es den Dorfkern, den Bahnhof und «die Anstalt», wie sie von uns Einheimischen genannt wurde. Im Dorfkern war auch die Hefefabrik, neben der Anstalt das Wahrzeichen Hindelbanks. Als ich in der fünften Klasse war, stellte die Hefefabrik ihren Betrieb jedoch ein und die Eltern von zweien meiner Mitschüler wurden arbeitslos. Trotzdem möchte ich sagen, Hindelbank war ein stolzes Dorf, zwischen Bern und Burgdorf, näher an Letzterem gelegen und das grösste in der Umgebung. Aus fünf Gemeinden kamen sie zu uns in die Sekundarschule. Mit ihren Mopeds, frühmorgens, fuhren sie los in Krauchthal, Mötschwil, sogar aus Schleumen kamen sie zu uns. Im Dunkeln, eingemantelt in Frost, um am späten Nachmittag denselben Weg zurückzuknattern.

Wir waren ein stolzes Dorf, mit Metzger, Bäcker, Käser, Gärtner und Coiffeur André nicht zu vergessen. Wenn ich jemandem sagte, ich sei aus Hindelbank, haben die Leute gesagt «Ah, das Frauengefängnis» und dann machten sie einen entsprechenden Witz. Damals fand ich das nicht so toll, aber die Leute kannten Hindelbank, etwas, was man von Bäris- oder Hettiswil nicht behaupten konnte. Auch das war ein Grund, weshalb sie zu uns in die Schule kamen, dann konnten sie wenigstens sagen, sie gingen in Hindelbank ins Oberstufenzentrum. Wir waren eine nicht unsignifikante, kleine mittelländische Anballung von hässlichen Häusern. Wir hatten eine Post und eine Bank. Wir waren Hindelbank.

Die Leute in Hindelbank, das wurde mir im Nachhinein klar, entsprechen der englischen Bezeichnung «White Trash», auch wenn sie saubere Häuser haben, weisse Spitzenvorhänge und gemütlich vor sich hinplappernde Gartenzwerge zwischen den Geranien. Hindelbank war eine Gemeinschaft von 2000 White-Trash-Seelen, ihre konfusen Gedanken bildeten den Nebel, der oft über dem Dorf lag und über dem das Schloss auf seinem Hügel thronte.

Das Schloss war 1720 für Hieronymus von Erlach erbaut worden. Es ist, neben dem Grab des Hieronymus von Erlach in der Kirche Hindelbank, das lokale Sightseeing-Objekt. Im Schloss und in den danebenliegenden, baracken-ähnlichen Langhäusern ist die Anstalt untergebracht. Im Schloss selbst befindet sich die Verwaltung, und zwei Mal jährlich wird der Klassik-Zmorge mit Verkauf von Kunsthandwerk der Insassinnen durchgeführt. Die Reihenhaussiedlung, in der ich aufwuchs, reiht sich unter dem Hügel an zwei weitere, ähnliche Siedlungen, bis der Dorfkern erreicht ist. Wenn jeweils «eine ab ist», wie wir es zu nennen pflegten, bekamen wir das mit. Es brachen erstaunlich viele Frauen aus.

Nachträglich frage ich mich manchmal, ob Hindelbank und meine Kindheit und Jugend dort deshalb so unerträglich waren, weil die Anstalt eine gewisse Aura über das Dorf legte, die allgemein frauen- und lustfeindlich war. Bis in die siebziger Jahre wurden in Hindelbank jugendliche Mütter gefangen gehalten. Aus irgendeinem Grund dachte man, der tägliche Umgang mit Mörderinnen und anderen Kriminellen könne verwirrten siebzehnjährigen Seelen helfen. Meine Grundschullehrerin von der ersten bis zur fünften Klasse war die Tochter des damaligen Gefängnisdirektors und sie wusste uns Kindern viele spannende Geschichten über die «bösen Frauen» zu erzählen.

Kürzlich war das Dorf in den Medien, weil eine dreizehnjährige Schülerin des Oberstufenzentrums von einem ihrer Mitschüler schwanger geworden war. Das muss an den ganzen Neuzuzügern liegen, in den letzten Jahren wurde viel gebaut in Hindelbank. Als ich noch dort zur Schule ging, waren die einzigen Dreizehnjährigen, die hätten schwanger werden können, die von mehr als doppelt so alten Hindelbankern vergewaltigten.

Zuletzt war die Mehrzahl der Insassinnen wegen Drogendelikten inhaftiert, auch viele Drogenschmugglerinnen aus Südamerika, die nach dem Strafvollzug sofort ausgeschafft wurden. Mütter durften ihre Kinder bei sich behalten, bis diese drei Jahre alt waren.

Solche Sachen wusste man, wenn man in Hindelbank aufwuchs. Die Leute waren stolz auf ihr Frauengefängnis, es machte sie zu etwas Speziellem, wichtiger als Hueb oder Kirchberg, und das, obwohl Kirchberg eine Badi hat.

Als ich von der Schliessung las, machte mich das betroffen, vielleicht sogar etwas traurig. Mir wurde klar, dass auch ich mich mit dem Gefängnis identifizierte, wenigstens ein Stück weit. Während eines persönlichen, biografischen Tiefpunkts vor vielen Jahren, erklomm ich den Hügel zum Seiteneingang der Anstalt und fotografierte von dort aus das Dorf. Heute weiss ich, dass dieses Foto, die Reihenhaussiedlungen, die gerade Strasse, ein drückender, grauer Himmel, in der Ferne das Dorf mit dem Kirchturm, ein Foto meiner damaligen inneren Verfassung war. Nicht sehr schön. Ich habe das Foto noch immer. Das Bild hat sich längst in mein Herz gefressen, das Frauengefängnis Hindelbank wird immer ein Teil von mir sein, ein unangenehmer, hässlicher, den ich jetzt hier sicher nicht Heimat nennen werde, so weit gehe ich nicht, ich war schliesslich gar nie drin.

Chäs / Käse

Es ist der Käse, an dem man den Schweizer packen kann. Zieht man lange genug an einem Ende eines Schweizer Käses, hängt am anderen Ende ein Schweizer dran. Das liegt im Selbstverständnis des Schweizers, er hängt an seinem Käse.

Der Schweizer frisst ungemein viel davon. Am meisten im Winter. Ein Winter ohne Käse wäre für den Schweizer wie Auswandern, wie die Sendung «SRF bi de Lüt – Auf und Davon», man kann es sich noch so vornehmen, es wird sowieso schief gehen.

Der Schweizer frisst den Käse gleich zu Beginn des Winters, weil er diese Saison noch kein Fondue hatte. Dann frisst er ihn, weil er diese Saison noch kein Raclette hatte. Dann frisst er ihn, weil Weihnachten ist. Dann frisst er ihn am Weihnachtsessen bei den Schwiegereltern. Dann frisst er ihn an Silvester. Dann frisst er ihn, weil er im neuen Jahr noch keinen Käse gefressen hat. Dann frisst er ihn, weil er im Coop gerade 50 % günstiger ist. Dann frisst er ihn, weil es im März kurz noch einmal kalt ist und es könnte in dieser Saison die letzte Gelegenheit für Fondue sein. Dann frisst er ihn, weil es im April nochmal schneit und das ist sicher die letzte Chance für Raclette diese Saison. Mit Saison meint der Schweizer den Skitourismus und flüssigen Käse.

Im Sommer frisst der Schweizer geschwellte Härdöpfel mit Käse. Aufgeschlossene Multikulti-Schweizer fressen im Sommer Griechischen Salat mit viel Feta. Dann sagen sie «Uh, ich habe sooo gern Feta» und ziehen den Mund seltsam in die Länge, weil sie das E im Wort Feta auch in die Länge ziehen müssen und zum Beweis ihrer kulinarischen Offenheit fällt ein bisschen Feta vom Zahn und aus dem Mund. Ein kleiner Rest bleibt an der Unterlippe hängen, denn ein bisschen Käse hängt dem Schweizer immer irgendwo im Gesicht.

Bodenständige Stüblischweizer fressen im Sommer Cervelat-Chässalat zur Grillade. Am 1. August zünden sie ein paar Raketen und machen Fondue, um den Nachbarn auf dem Campingplatz zu zeigen, wo dem Schweizer das Kreuz im Käse hängt. Um zu zeigen, dass die Schweiz die Käsenation ist. Die Schweiz und niemand anderes. Wann frisst der Franzose schon Käse als Hauptmahlzeit? Wann der Italiener?

Die Schweiz hat eine stolze Geschichte. Vor langer Zeit, als es die Schweiz offiziell noch gar nicht gab, gab es bereits den Käse. Die Urkühe, schön geschmückte Tiere wie zum Alpabzug, gingen damals noch ohne uns Menschen auf die Berge und wieder hinunter. Sie frassen das gute Gras der Alpen und auch das Gras vom Maiensäss und auch das Gras des Mittellandes. Die Urkühe wackelten immer etwas mit Kopf und Rumpf, damit ihre prunkvollen goldenen Glocken bimmelten und dabei tropfte immer wieder etwas Milch auf den reichen, nahrhaften Schweizer Boden. So wuchs der Urkäse, dessen Mycel exakt die Umrisse der Schweiz zeichnet.

Bald darauf entstand die Bevölkerung der Schweiz. Denn als stolz geschmückte Urkühe über den käsehaltigen Boden wackelten und Tropfen ihrer kostbaren Milch beifügten, entwuchs dem Boden die erste Generation der Schweizer. Die ersten Menschen waren aus Käse.

Noch heute hat jede Region anderen Käse. Es ist die Kombination aus der Zusammensetzung des dortigen Bodens und dem momentanen emotionalen Zustand der jeweiligen Urkuh, während sie den Urkäsemenschen schuf. Die Urkäsemenschen und die Urkühe führten von da an ein wunderbares Leben zusammen. Die Urkühe zeigten den Menschen die Berge und zogen mit ihnen auf das Maiensäss und die Alp. Die Urkäsemenschen himmelten die Urkühe an, weil sie so schön geschmückt waren und den totalen Durchblick hatten. Und wenn die Urkäsemenschen hungrig wurden, frassen sie einfach einander auf. Es waren glückliche Zeiten, bis Friedrich Schiller erschien. In einer Kutsche, einem Vierspänner, der von kräftigen

Rottweilern gezogen wurde, erreichte er die Schweiz über die Deutsche Grenze. Leider verbreiteten sich die Rottweiler hier sofort endemisch und töteten die Urkühe, bis diese fast ausgestorben waren. Die Urkäsemenschen bauten daraufhin Burgen, in denen sie die letzten Urkühe zu deren Schutz gefangen hielten. Bald kam den Urkäsemenschen eine gute Idee und sie begannen, die Urkühe systematisch auszunutzen. Das war der Beginn der modernen Käseindustrie.

Der Schweizer erkennt sich selbst in seinem Käse. In der Schweiz haben alle Vorfahren, die noch selber gekäst haben. Früher käste man auf der Alp, man käste auf dem Maiensäss und im Mittelland und im Unterland käste man auch und mancherorts machte man daneben noch schnell ein paar Uhren. Wenn der Schweizer älter wird, wird die Rinde härter, aber in seinem Herzen brodelt der Käse noch immer heiss und flüssig.

Die Ehre der Schildkröten

Berner Mittelländischer Anzeiger, Spezial: 50 Jahre Frauenstimmrecht in der Schweiz (Dezember 2020)

Im Jahr 2021 feiert die Schweiz 50 Jahre Stimm- und Wahlrecht für Frauen. Dabei sollte nicht vergessen gehen, dass es Gebiete und Gemeinden gibt, die damals nicht mit dem Rest des Landes mitzogen. Der populärste Fall war Appenzell Innerrhoden: Die Männer des Kantons lehnten das Frauenstimmrecht 1990 in einer demokratischen Versammlung per Handaufheben ab. In unserer Serie zu 50 Jahren Frauenstimmrecht porträtiere ich Wylen im Emmental, eines der wenigen Schweizer Dörfer, die bis heute auf ein Stimm- und Wahlrecht für Frauen verzichten.

Unter anderem bin ich hier, um Sarah Farni zu treffen, die erfolgreichste Foodbloggerin der Schweiz und die Person, die Wylen i. E. bekannt gemacht hat. Davor möchte ich mich mit der Gemeinde und ihren Gepflogenheiten vertraut machen, deshalb habe ich eine Verabredung mit Mandy Bühler ausgemacht, die sozusagen die Tourismusbeauftragte des Ortes ist.

Amanda «Mandy» Bühler, Betreiberin des Skilifts in Wylen i. E., gebürtige Philippina, ca. 60 Jahre, eine von drei Ausländerinnen im Dorf.

Bevor sie die Tür aufschliesst, gibt Mandy Bühler eine kleine Menge WD-40 ins Schloss. Es sei jedes Jahr dasselbe, sagt sie, das Schloss werde rostig, nachdem es monatelang nicht benutzt wurde. In dem kleinen hölzernen Kassenhaus ist es staubig, es riecht nach Bergen und Wintersport.

Das ist Mandy Bühlers Reich. Sie ist sozusagen die Königin des hiesigen Wintersports. Mandy Bühler eröffnet die Saison jeweils im Dezember und beschliesst sie Ende März des nächsten Jahres. Im Dorf gibt es einen Skilift und ein Wintersportgeschäft, welches von ihrem Sohn, Ramon Bühler, betrieben wird. Dass Mandy Bühler seit über dreissig Jahren den Skilift bedient, hat damit zu tun, dass sie als einzige im Dorf anständig Englisch spricht. Sie sei für das internationale Wylen zuständig, sagt sie und lacht. Auf die Frage, ob es ihr hier gefällt, wischt sie nachdenklich den Staub von der Kasse und bejaht. Ihr gefalle es hier, sie möge die indigenen Schweizer. Ihre Mutter stamme von der Insel Palawan und habe deshalb sehr wahrscheinlich auch indigenes Blut. Das erkläre vieles. Dann zeigt sie die Fotos, die über ihrem Arbeitsplatz hängen: Enkelkinder, Hochzeit, Schildkröte. Kein Bild der Philippinen. Eine Postkarte der Schaukäserei Affoltern i. E. Ein Schaukäser mit rotem Gesicht, der lachend im Lab rührt und dazu der Spruch: «Chli stinke muess es.» Lachend erklärt sie, ihr stinke es manchmal halt auch. Auf die Frage, was denn genau, schweigt sie. Dann meint sie, dass sie seit dem Tod ihres Mannes viel an Freiheit gewonnen habe. Aber dass sie einmal jährlich bei ihrem Sohn eine Unterschrift holen müsse, die ihr erlaube zu arbeiten, das finde sie schon eine Zumutung. Auf den Philippinen sei das jedenfalls nicht so.

Es ist eng hier in Mandys Skihäuschen. Eine Enge, die man auch unten im Dorf spürt. Man spürt sie, wenn man im Bären ein Bier trinkt, wenn man die stillgelegte Kartonfabrik betrachtet, eine Enge, die einen noch immer begleitet, wenn man das Postauto Richtung Sumiswald besteigt.

Es ist eine Enge, wie sie Aussenstehende manchmal spüren, wenn sie kleine Dörfer, in sich geschlossene Gemeinschaften, besuchen. Eine Enge, die man noch viel stärker spürt, wenn man selbst in einem kleinen Ort aufgewachsen ist und immer das Bedürfnis hatte, dieser Enge zu entfliehen. Wie eng die Enge hier sein muss, in einem Dorf der «Vier Widerständischen», werde ich herauszufinden versuchen. Die «Vier Widerständischen» ist der selbstgewählte Name der vier letzten Gemeinden Europas, in denen das Wahlrecht für Frauen bis zum heutigen Tag nicht eingeführt wurde. Sie befinden sich alle in der Schweiz.

Sarah Farni, Betreiberin von Sarah's Landfrauenblog, achtundzwanzig Jahre alt.

Beim Abwasch des Mittagessens hört Sarah Farni in der Ferne die Dorfmusik, die durch den Ort zieht. Über dem Lavabo befindet sich ein kleines Fenster, durch das sie direkt auf den Dorfplatz sieht.

Sarah Farni hängt die Schürze an die Wand und ruft ihre Töchter Mia und Fabienne, sechs und vier Jahre alt. Mittlerweile ist es laut geworden draussen, man hört Bauern, die ihre Schildkröten antreiben und ein allgemeines Stimmengewirr.

Farni hat sich bereit erklärt, mir am nächsten Tag ein Interview zu gewähren. Aber heute, am Tag des Wintergangs, herrsche im Dorf Ausnahmezustand.

Sarah Farni und ihre Töchter schreiten nun mit dem Rest der Dorfgemeinschaft einher, Sarah grüsst und küsst das halbe Dorf, so dass Aussenstehende niemals vermuten würden, dass sich wegen dieser jungen Wylenerin tatsächlich ein kleiner Dorfskandal entwickelt hat.

Sarah Farni, geborene Mosimann, kennt Wylen seit ihrer Kindheit, sie wuchs im benachbarten Sumiswald auf. Nach Wylen ging man zur Chrotteschou, einer Viehschau nur für Emmentaler Schildkröten, man ging zur Chilbi und später ging man auch ins Pub. Dort lernte sie Farni Bruno kennen, oder Brünu, wie man hier sagt, neun Jahre älter als sie, passionierter Hornusser und angestammter Wylener seit man denken kann. Zu seinem dreissigsten Geburtstag übergibt ihm der Vater sowohl «Heimet» als auch «Hanni», die rund achtzigjährige Schildkröte. Ein halbes Jahr später folgt die Hochzeit, dann die Kinder. Als Fabienne zwei Jahre alt ist, stellt Sarah ihr erstes Rezept ins Internet. Der Rest ist Geschichte. Sarah's Landfrauenblog wurde innert kürzester Zeit zur beliebtesten Rezeptwebseite der Schweiz, bisherige Grossplayer wie etwa swissmilk.ch oder Betty Bossi hat sie längst abgehängt.

Farnis Erfolg kommt nicht von ungefähr. Bereits ihre Mutter war erfolgreich berufstätig: Susanne Mosimann war dreissig Jahre lang Hauswirtschaftslehrerin in Sumiswald und Mitautorin des legendären «TipTopf», DEM Standardwerk, was die Schweizer Alltagsküche betrifft, von vielen Leuten mit der Bibel verglichen. Ihrer Mutter habe sie alles zu verdanken, betont Farni denn auch wiederholt auf ihrer Webseite.

An der Spitze des Umzuges gehen die Oberhäupter der Bauernfamilien mit ihren festlich geschmückten Schildkröten. Es folgt die Dorfmusik, dann der Rest der Dorfgemeinschaft, die meisten von ihnen in Trachten. Es gibt in Wylen niemanden, der nicht am Wintergang, dem traditionellen Spaziergang der Schildkröten zum Zeughaus, teilnimmt. Im Keller des Zeughauses verbringen die Tiere des Dorfes gemeinsam ihren Winterschlaf.

Der Umzug dauert meist den ganzen Tag. Je länger er dauert, desto länger wird der Winter dauern, sagt man.

Im Emmental hat man pro Bauernhof eine Schildkröte, mehr Tiere sind nur zur Aufzucht erlaubt. Ab einer gewissen Grösse muss man das Tier, das bis zu hundert Jahre alt werden kann, abgeben. Viele Familien haben über Generationen dieselbe Schildkröte. Die dorfälteste männliche Schildkröte wird der «Muni» genannt. Der Muni trägt zum Wintergang eine Fahne mit dem Dorfwappen auf dem Panzer und geniesst besondere Vorteile. Alle Bewohner des Dorfes sind verpflichtet, den Muni zu bewirten und zu beherbergen, wenn der es will. Es gibt immer wieder Munis, die erhebliche Teile der Ernte eines anderen Bauern wegfressen. Der betroffene Bauer erhält dafür keine Entschädigung.

Der Wintergang der Schildkröten wurde im Emmental erstmals 1731 vom reformierten Pfarrer Gottlob Burren beschrieben.

«Eyn jeder Bauer hir hat seyn eygener Schyldchroth. Die Thire seyen seyt Jahren bereyts hir.»

Woher die Schildkröten ins Emmental gekommen sind, war bereits damals umstritten. Eine Version sagt, «Eyn Kauffmann aus dem fernen Affrika» habe sie gebracht. Eine andere lautet, Hannibal höchstpersönlich habe bei seiner Alpenüberquerung Riesenschildkröten bei sich gehabt. Die Tiere hätten ihm gleichzeitig als Lastträger und Notvorrat für sein hungriges Heer gedient. Ein Mythos, der offensichtlich unwahr ist, überquerte Hannibal die Alpen doch viel weiter südlich, an der heutigen französisch-italienischen Grenze. Den Wylenern gefällt die Geschichte mit Hannibal und seinen Schildkröten aber ausserordentlich gut. Sie nutzen diese Legende oft, um eine Verbindung mit Asterix und Obelix zu schaffen. Zusammen mit Hannibal gelten die beiden Comicfiguren als, wie es hier heisst, «historische» Vorbilder des Dorfes. Wylen i. E. hat mit 0,05 Prozent der Bevölkerung einen eher geringen Anteil an Menschen, die über eine Matura oder Tertiärausbildung verfügen. Mit einer Einwohnerzahl von 1989 Personen im Jahr 2016 ist Wylen i. E. gleichzeitig die bevölkerungsstärkste der vier «Widerständischen Gemeinden».

Als mir Sarah Farni heute Morgen die Tür öffnet, sieht sie frisch und gepflegt aus. Die meisten Wylener sind gestern nach dem Wintergang direkt in den Bären gegangen, Farni aber hat vor einer Stunde bereits wieder einen neuen Videoblog hochgeladen, in dem sie Tipps gibt, wie man einen verkaterten Ehemann mit einer Pouletsuppe wieder hochpäppeln kann.

Sarah Farni, eine Frau, wie man sie sich in einer Gemeinde wie Wylen i. E. nur wünschen kann, möchte man meinen. Doch das Gegenteil ist der Fall: Farni musste wegen ihrem Erfolg viel Kritik einstecken. Das Dorf, das trotz seiner seltsamen und frauenverachtenden Gesetze nie gross beachtet worden war, erhielt im Zusammenhang mit Farni plötzlich Aufmerksamkeit. Mit dieser Aufmerksamkeit erreichte Wylen nun auch Kritik von aussen: Vielen Schweizerinnen und Schweizern war nicht bewusst, welche Sitten und Gesetze in manchen Dörfern noch walten. Wylen spaltete sich auf in jene, die stolz darauf waren, dass eine Wylenerin zur Schweizer Cervelatprominenz gehörte, und jene, die in einer selbstbewussten, erfolgreichen, zwar den traditionellen Rollenbildern entsprechenden, jungen Frau eine Bedrohung sahen. In der Folge erhielten ihre Videoblogs plötzlich negative Kommentare, Leute beklagten sich, die Rezepte hätten ihnen nicht geschmeckt. Diese Kritikerinnen stellten sich allerdings als Fake-Profile heraus; Farni hatte versucht, persönlich mit diesen Leuten Kontakt aufzunehmen, um ihre Rezepte verbessern zu können.

Die Frage, die mir natürlich unter den Nägeln brennt, ist, wie es Farni mit sich vereinbaren kann, erfolgreich im Beruf zu sein und gleichzeitig in einem Dorf zu wohnen, in dem die Unterschrift des Mannes verlangt wird, wenn eine Frau berufstätig sein will.

Sarah Farni verweist auf ihren allerersten Videoblog, in dem sie dies bereits ausführlich erklärt habe: Kochen sei ihr Hobby und das Betreiben ihres Blogs ein kleines Nebeneinkommen für die Familie, die ansonsten einzig von der Milchkuhwirtschaft lebe und die, sage ihr Mann, stecke in der Krise.

Auf die Frage, ob ihr Nebeneinkommen wirklich so klein sei, antwortet sie nicht. Dann lobt sie ihren Mann, wie verständnisvoll und fortschrittlich dieser sei, dass er sie «ihr Hobby» so passioniert ausleben lasse. Sie bedankt sich ausserdem bei ihren Followerinnen, junge Mütter wie sie seien das, die ihr diesen Traum erst möglich machten.

Auf mich wirkt Farni wie eine knallharte Geschäftsfrau. Ich möchte von ihr wissen, wie es sich angefühlt hat, als sie damals mit einundzwanzig Jahren Bruno Farni heiratete und ihr Stimm- und Wahlrecht abgeben musste. Sie meint, sie sei sowieso nie abstimmen gegangen und habe auch nicht vorgehabt, dies in Zukunft zu tun. Ausserdem sei sie ja nur auf Gemeindeebene nicht stimm- und wahlberechtigt. Aber wie gesagt, sie interessiere sich sowieso nicht für Politik.

Es ist Farni anzusehen, dass ihr dieses Thema unangenehm ist. Wird ihr die Enge im Dorf vielleicht manchmal doch zu viel?

Berner Mittelländischer Anzeiger, Spezial: 50 Jahre Frauenstimmrecht in der Schweiz (März 2021)

Der im Dezember letzten Jahres publizierte Artikel über Wylen i. E. führte zu einer Art Shitstorm auf dem Miststock, weshalb ich das Dorf kürzlich erneut besuchte. Folgendes ist passiert: Sarah Farni fühlte sich dazu veranlasst, innerhalb ihres Blogs zu meinem Artikel Stellung zu nehmen und positionierte sich klar auf Seiten der Gemeinde. Sie betonte, wie stolz sie darauf sei, Wylenerin zu sein und dass das ganze Ungemach, welches über das Dorf kam, nicht durch ihren Blog, sondern vielmehr durch eine negative Darstellung in den Medien, also dieser Zeitung, hervorgerufen worden sei.

Insbesondere die Aussage Mandy Bühlers, dass sie auf den Philippinen zum Nachgehen einer Arbeit keine Unterschrift ihres Sohnes benötigen würde, sorgte für Furore. Die Wylener stürzten sich auf Mandy, der sie mangelnde Loyalität, ja Verrat am Dorf vorwarfen.

Bühler wird seither mit anonymen Anrufen terrorisiert, ihr Briefkasten wurde mit Kuhdung vollgestopft, ausserdem erhielt sie rassistische und sexistische Nachrichten, die hier aus Rücksicht auf die Geschädigte nicht zitiert werden. Mandy Bühler hat bislang keine Anzeige erstattet. Sie hoffe, dass sich alles als Missverständnis herausstellen und sich der Zorn wieder legen werde. Als sie damals vor vierzig Jahren im Dorf angekommen sei, sei es anfangs auch nicht einfach gewesen. Aber sie sei geblieben. Ihr Sohn sei ein echter Wylener und auch sie fühle sich hier zuhause.

Sarah Farni hingegen führte die Geschehnisse um Mandy Bühler in ihrem Blog als Beispiel für eine misslungene Integration auf: «Ich kenne Mandy und ich mag sie. Aber dann wird sie interviewt und die sogenannte Journalistin versteht sie falsch, weil Mandy nicht gut Deutsch kann und die Journalistin schreibt dann, Mandy fühle sich hier unterdrückt.»

Mit der «sogenannten Journalistin» meinte sie offensichtlich mich. Mir sei es zu verdanken, dass es nun eine Gemeindeversammlung zum «Fall Mandy» geben werde. Die Männer des Dorfes würden im März über Bühlers Zukunft im Ort abstimmen. Farni verwies in ihrem Blog auf die Fortschrittlichkeit der Gemeinde, da sie selbst als Rednerin zu «diesem Thema» an die Gemeindeversammlung eingeladen worden sei. Für mich war klar, dass ich mich langsam auf gefährlichem Terrain bewegte. Zwar sind die Zeiten der blutigen «Emmentaler Chrottenkämpfe» längst vorbei, aber ich fühlte mich nicht mehr sicher. Gleichzeitig konnte ich unmöglich darauf verzichten, mir diese Gemeindeversammlung anzuschauen und Farnis Rede im Gemeindehaus zu hören. Dies war meine Chance, Wylen i. E. und seine Frauen verstehen zu lernen.

Ich machte mich also an besagtem Sonntag im März auf den Weg zum Gemeindehaus. Am Tag, da darüber abgestimmt wurde, wie man mit Mandy Bühler vorgehen wolle, sass diese wie immer in ihrem Skilifthäuschen. Der Schnee lag spärlich, rund um ihr Häuschen war der Boden grün. Mandy Bühler sass an ihrer Kasse, löste ein Kreuzworträtsel und wartete.

Im Gemeindesaal herrschte Gedränge. Mir wurde gesagt, dies sei ein Thema, das alle etwas angehe. Darüber abstimmen durften aber natürlich nur die Männer.

Ich war froh, dass ich nicht erkannt wurde. Die heftigen Reaktionen auf den letzten Artikel hatten mich gezwungen, mein Haar blond zu färben und kurz zu schneiden. Um mich besser unter das Volk mischen zu können, hatte ich mir zusätzlich Mèches in aubergine hineinmachen lassen.

Im Gemeindesaal stand ich mit den Frauen des Dorfes am linken Rand, während die Männer in der Mitte auf Stühlen sassen. Die Decke war niedrig und mit kunstvollen Malereien versehen, an den Wänden hingen majestätisch die Panzer verstorbener Munis.

Sarah Farni stand in einem rosafarbenem Blazer und mit einem Schweizerkreuz-Bandana um den Hals auf der Kanzel. Man sah ihr die Nervosität an. Farni lobte das Dorf und dessen Werte und sprach erneut die angeblich mangelhaften Deutschkenntnisse Mandy Bühlers an. Sie meinte, so gern sie, wie alle hier, Mandy habe, da sehe man, wie es dem Dorf gehen würde, hätte man mehr Ausländer zu integrieren. Es bedeute viele Missverständnisse und eben viel Arbeit von Seiten der Gemeinschaft.

Der Applaus zu Farnis Rede war verhalten. Im Anschluss wurden alle Frauen gebeten, den Saal zu verlassen. Diese verliessen schnell den Dorfplatz und gingen nach Hause. Danach war das Dorf leer. Hätten die Schildkröten nicht noch geschlafen, das Dorf wäre einzig von ihnen bevölkert gewesen.

Später kam die Nachricht über den Ausgang der Abstimmung. Ohne Vorankündigung war ebenfalls über Sarah Farni abgestimmt worden. Ihr und Mandy Bühler war es ab sofort untersagt, einem Beruf nachzugehen, Mandy Bühler darf ausserdem keinen Kontakt mehr mit den Medien haben.

Ich war und bin noch immer sprachlos. Und frage mich, wie Sarah Farni die Nachricht aufnehmen wird. Aber vor allem denke ich immer wieder an Mandy Bühler, wie sie einsam über ihrem Kreuzworträtsel sitzt. Ich verstehe die Frauen von Wylen i. E. noch immer nicht.

Künzlis unterwegs

In den Urlaub fährt man, um seinen Alltag erträglicher zu machen. Viele fahren am liebsten dreissig Jahre lang an denselben Ort in den Urlaub. Nach der Pensionierung kaufen sie sich dort eine Wohnung oder ein Haus. Die Wohnung oder das Haus richten sie identisch wie ihre Wohnung oder ihr Haus zuhause ein, mit ein paar kleinen Verweisen auf den Ferienort, etwa ein originelles Blechschild von IKEA, auf dem beispielsweise «Happy Holiday» steht.

Auf Reisen hingegen geht man, um seinen Horizont zu erweitern. Meistens, wenn man im Leben ein Ereignis hinter sich gebracht hat, das auf einer Timeline aufgeführt werden würde. Indem man danach auf Reisen geht, gibt man dem vergangenen Lebensabschnitt sowie seinem Leben einen Sinn. Traditionell sind es die unkonventionellen Menschen, die reisen gehen. Die anderen sitzen in ihren Ferienwohnungen und jassen.

In der Schweiz begann das Reisen im 19. Jahrhundert, allerdings waren es nicht die Schweizerinnen und Schweizer, die reisten. Es waren wohlhabende Menschen aus England, die in unser Land kamen und unbedingt über den Gotthard wollten. Nach dem Gotthard wollten sie über alle anderen Pässe. Manchmal machten sie in kleinen

Ortschaften mit Wirtschaften Halt, in denen sie übernachten und sich über die hinterwäldlerische Bevölkerung lustig machen konnten. Die Schweizer wiederum hatten Angst, dass die Engländerinnen Suffragetten sein könnten und warfen sie deshalb steile Hänge hinab. Dann sagten sie, dass solche Reisen sehr abenteuerlich und entbehrungsreich seien und für Frauen zu anstrengend.

Etwa hundert Jahre später reisten schweizer, englische und andere europäische Hippies auf dem sogenannten Hippie Trail zusammen nach Indien. Die Hippies mussten auf ihren Reisen viele sinneserweiternde Abenteuer bestehen. Räucherstäbchen, die sich brennend in ihren Haaren verhedderten, Hunger, Ruhr und die hinterwäldlerische Bevölkerung sind nur ein Bruchteil der Gefahren, die auf sie warteten.

Sie aber fuhren, ritten und schritten im Takt ihrer Maultrommeln immer weiter. Wo sie vorbeikamen, hinterliessen sie kaputte Traumfänger und VW-Busse, das heilige Wissen um die Batik und Drogenhandel. Viele von ihnen starben auf dem Weg. Jene, die es bis nach Indien schafften, liessen sich erschöpft nieder und gründeten eine Sekte.

Auch heute noch lieben es die Leute zu reisen, wenn auch viel komfortabler. Mit dem Aufkommen des Internets kamen zusätzlich die Reiseblogs auf, welche zur grossen

Mehrheit von heute älteren Menschen betrieben werden, teilweise auch von solchen, die früher als Hippies den Hippie Trail begingen. Die Nähe zwischen den Abenteuern und neuen Eindrücken, die sie auf ihren Reisen erwarten, und den neuen Eindrücken und der Abenteuerlichkeit, die das Internet für diese Generation darstellt, ist nicht zu unterschätzen. Bevor sie sich auf die Reise machen, machen sie sich daran, eine Homepage zu erstellen. Sie sind dann zum Beispiel ein Paar Mitte sechzig, sie heissen zum Beispiel Trix und Pesche. Zehn Monate vor der Reise trifft also dieser Pesche eine Bekannte im Bus und beginnt sofort, lautstark von der bevorstehenden Reise zu erzählen. Er und Trix hätten den Camper ausgebaut, Trix sei ja jetzt auch pensioniert. Bald gehe es los, Australien diesmal. Am liebsten wären sie ja denselben Weg wie damals gefahren, als sie jung waren, aber in den Nahen Osten wollten sie nicht mehr, da sei dieses Mal das Risiko, dass er Trix für ein Paar Kamele verkaufe, zu hoch, haha. Jaja, und die Töchter seien gar nicht glücklich darüber, wenn die Grossmutter mit Hüten ausfalle, aber da müssten sie jetzt halt ein halbes Jahr durch, haha.

Bevor er den Bus verlässt, empfiehlt Pesche, seine und Trix' Reise auf seiner Homepage «kuenzlisunterwegs.ch», mit «ue» geschrieben, zu verfolgen.

Auf der genannten Seite waren Fotos von früher, vom Hippie Trail, und neue, vom umgebauten Camper. Und viele Fotos mit Kamelen, unter die Pesches Freunde lustige Kommentare, Trix betreffend, geschrieben hatten. Vor einigen Monaten wurde die Homepage gelöscht. Heutzutage lauern die Gefahren bei solchen Reisen oftmals nicht mehr in der hinterwäldlerischen Bevölkerung, sondern in der Kombination von pensionierten Touristenpaaren mit rückständigen Geschlechtervorstellungen und den Kommentarfunktionen auf deren Webseiten. Hoffentlich sind Pesche und Trix Künzli heil nach Hause gekommen.

Alte Meisterinnen oder: Was der heutigen Schriftstellerin fehlt, ist das Selbstverständnis der Schriftstellerin als Genie in einer langen Reihe der schriftstellerischen Genies

1 Vorwort

Dieser Text wurde als Auftragstext des Autorinnenkollektivs RAUF geschrieben. Ich habe hierfür extra eine neuartige Textform erfunden, die ich «Crazy Ellipse» nenne. «Crazy Ellipse» zeichnet sich dadurch aus, dass die einzelnen Teile des Textes in beliebiger Reihenfolge gelesen werden können und dabei immer ein dramaturgisch angenehmes Ganzes ergeben. Ausgehend vom Fazit des Textes, nachzulesen unter «Nachwort» (Dank Crazy Ellipse können Sie das Nachwort jedoch auch ganz am Anfang lesen!), kam ich zum Schluss, dass es von historischer Wichtigkeit ist, dass ich einerseits eine neue literarische Technik erfinde und andererseits, dass ich der klassischen «Dichter sitzt im Café, beobachtet Menschen und hält seine enorm intelligenten Gedanken literarisch fest»-Gattung das Beispiel einer Schriftstellerin hinzufüge.

Dies ist mein Beitrag, um ein Selbstverständnis der Schriftstellerin als Genie zu etablieren.

2 Die Schriftstellerin im Café

Die Schriftstellerin sitzt im Café und denkt nach. Sie ist in ihrem Stuhl heruntergerutscht. Es sind gewichtige Gedanken, die sie sich macht. Kurz ächzt sie, so gewichtig sind ihre Gedanken. Die Schriftstellerin möchte einen guten Text schreiben. Einen Text über die grossen Schriftstellerinnen der Vergangenheit. «Alte Meisterinnen», soll er heissen. Ein gewichtiger Titel.

Bevor sie beginnt, beobachtet sie das gemeine Volk. Das gemeine Volk trinkt Schokoladenmilch. Bevor das gemeine Volk die Schokoladenmilch trinkt, fotografiert es sie mit einem Telefon.

Die Schriftstellerin nimmt einen kräftigen Schluck Rotwein. Wenn man Schriftstellerin ist, darf man schon am Nachmittag trinken. Das ist einer von sehr wenigen Vorteilen.

Man hat dann abends nicht genug Geld, um die Rechnung zu bezahlen, da man schon nachmittags mit Trinken begonnen hat. Aber es gibt Cafés und Bars, bei denen man anschreiben lassen kann. Leider werden solche Bars und Cafés sehr schnell sogenannte Künstlercafés oder auch Schriftstellerinnenbars genannt, wobei man das Wort Künstlercafé seltsamerweise ein wenig häufiger hört. Solche Cafés und Bars existieren in der Regel einige Jahre lang, bis sie aus schwer nachvollziehbaren Gründen plötzlich Insolvenz ankündigen müssen oder bis sie Gaffer anziehen. Wobei mit Gaffer anziehen keine Kunstperformance gemeint ist, bei der sich Künstlerinnen Klebeband ankleben, auch das etwas sehr Erheiterndes, was in einem Künstlercafé selbstverständlich ständig spontan passiert.

Zugegebenermassen hat die Schriftstellerin so etwas schon seit ein paar Jahren nicht mehr erlebt. Wenn sie ganz ehrlich ist, hat sie das seit 2002 in dieser Bar in Berlin, als diese sehr sympathische Musikerin, eine Inderin aus London war das, die tatsächlich ein wachsbeschichtetes Tischtuch als Kleid trug, also eben seit diese Musikerin Gaffer Tape um sich gewickelt hat und so ihre selbstgebrannten CDs an sich klebte und dann schrie: «Kauft alle meine CD!» Ja, auch Schriftstellerinnen sind nicht vor Das-waren-noch-Zeiten-Nostalgie gefeit, und was wäre das für eine Schriftstellerin, die sich nicht sicher wäre, dass sie die wilden Zeiten hinter sich hat? Vielleicht eine Science-Fiction-Schriftstellerin.

Gewichtige Gedanken.

Die Menschen, die mit ihren Telefonen gerade noch erhitzte Milch mit Schokoladengeschmack fotografierten, sind mittlerweile verschwunden. An ihrer Stelle sitzt nun ein Vater mit seinem Sohn, auch sie trinken Schokoladenmilch.

Warum trinken alle Schokoladenmilch, fragt sich die Schriftstellerin.

Der Wein macht die gewichtigen Gedanken allenthalben etwas schwerer.

Der Schriftstellerin wurde bei ihrer Geburt der Vorname Anaïs gegeben. Dazu der Nachname Meier. Man will nicht mutmassen, was sich ihre Eltern dabei gedacht haben. Höchstwahrscheinlich nichts.

Mit einem solchen Namen zu schreiben, das wurde ihr früh bewusst, das würde schwierig werden.

3 Anaïs Nin

Anaïs Nin ist aus Sicht der Schriftstellerin keine herausragend gute Autorin gewesen, also keine alte Meisterin. Um so trauriger ist sie, ihren Namen tragen zu müssen. Als sie mit Anfang zwanzig begann, an Lesungen teilzunehmen, war sie ausserdem einige Jahre lang gezwungen, ein Pseudonym zu benutzen, um das «Anaïs»-Phänomen zu vermeiden. Das «Anaïs»-Phänomen tritt dann auf, wenn eine Autorin um die zwanzig mit dem Vornamen Anaïs an einer Lesung teilnimmt. In der Folge erscheint ein, manchmal auch mehrere, wohlwollende ältere Herren, die mit grossen Augen erklären, mit wem Anaïs Nin alles eine Affäre gehabt hätte. Mit ihrem Cousin, ihrem Vater, sogar mit wohlwollenden älteren Herren habe Anaïs Nin geschlafen, eine ganz hervorragende Schriftstellerin sei das gewesen!

Das «Anaïs»-Phänomen wird mit fortschreitendem Alter der Schriftstellerin immer schwächer, bis es ganz abflacht. Es ist ein interessantes Phänomen.

4 Agota Kristof

Agota Kristof war aus Sicht der Schriftstellerin eine sehr gute Autorin. Eine wirkliche alte Meisterin.

Über Jahre hat die Schriftstellerin einen Besuch bei der alten Meisterin geplant. Es würde ein kurzer Besuch werden; aus Agota Kristofs Texten hatte sie geschlossen, dass die alte Meisterin Besuche lieber kurz und knapp möchte. Natürlich wäre Agota Kristof nicht vorgewarnt worden, es wäre ein Überraschungsbesuch geworden, ein Fanbesuch. Die Schriftstellerin wäre mit einem üppigen Blumenstrauss nach Neuchâtel gefahren. Mit den Blumen hätte sie dann vor der Wohnung Agota Kristofs gewartet. Sobald die alte Meisterin erscheinen wäre, hätte ihr die Schriftstellerin den Blumenstrauss vor die Füsse gelegt und gesagt: «Merci pour écrire.» Das war der Plan. Enorm originell war er nicht. Vielleicht wurde er deshalb nie umgesetzt. Mittlerweile ist Agota Kristof leider verstorben.

5 Sue Townsend

Sue Townsend ist ebenfalls eine alte Meisterin und man könnte sagen, so wie Agota Kristof der Schriftstellerin eine Art Mahnmal dafür war, was Schreiben sein könnte und bedeuten kann, so hat Sue Townsend in ihr als Jugendliche die Lust am Schreiben geweckt. Sie las Townsend während ihrer Gymnasialzeit, was schulische Probleme verursachte. Sue Townsend zu lesen ist immer ein Risiko, denn wenn man einmal damit angefangen hat, kann man nicht mehr damit aufhören. Ausserdem kann man sich unmöglich gleichzeitig auf etwas anderes als auf das Lesen konzentrieren, ja, man kann nicht einmal so tun als ob. Der grösste Risikofaktor einer Townsend-Lektüre ist aber sicher, dass man ständig laut lachen muss.

Sowohl Townsend als auch Agota Kristof begannen erst spät mit ihren Leben als Schriftstellerinnen. Davor waren sie damit beschäftigt gewesen, in Fabriken zu arbeiten und ihre Kinder grosszuziehen.

6 Nachwort

Alte Meisterinnen gab es viele, aber nicht genug. So lange die Welt nicht gerecht ist, wird die mögliche Anzahl an herausragenden Köpfen, die die Literatur prägen könnten, nie erreicht werden.

Wer die Literatur wirklich liebt, ist bestrebt, dass in jedem Land dieser Welt alle Menschen die gleichen Chancen haben, um ihr Können der Literatur zu widmen.

Bis das erreicht ist, bleiben uns die immer gleichen alten Säcke. Alte Säcke, die teilweise brillant waren, manche so brillant, dass sie mich während meiner Jugend und jungen Erwachsenenzeit vor der Verzweiflung an dieser Welt gerettet haben. Dafür bin ich ihnen bis heute dankbar.

Etwas, was diese brillanten und auch die weniger brillanten und sogar die gar nicht brillanten alten Säcke gut konnten, war, sich selbst und ihr Schreiben sehr ernst zu nehmen. Jeder ihrer Gedanken war wichtig und aus ihren Becken gebaren sie den Begriff des schriftstellerischen Genies.

Das Autorinnenkollektiv RAUF beschloss, Texte über alte Meisterinnen der Literatur zu schreiben. Die Idee begeisterte mich sehr, aber sobald ich darüber nachzudenken begann, wurde es problematisch. Ich fand tatsächlich, mir würde keine alte Meisterin einfallen, deren literarisches

Werk ohne Ausnahme sprachlich visionär, inhaltlich atemberaubend, leichtfüssig und doch tiefsinnig und auf jeden Fall, und das ist das Wichtigste, durch und durch genial ist. Gleichzeitig fielen mir aber einige männliche Schriftsteller ein.

Und dann merkte ich, dass ich auch das Werk dieser Herren nicht hundertprozentig hervorragend finde. Trotzdem habe ich viel weniger Probleme damit, diese als Genies zu betiteln und bei ihnen über textliche Ausrutscher hinwegzusehen. Als ich das erkannt hatte, schämte ich mich zwei Wochen lang schrecklich und beschloss, nie jemandem davon zu erzählen.

Dann beschloss ich darüber zu schreiben, denn die genialen Gedanken einer Schriftstellerin sind nie dumm und ausserdem immer schauderhaft interessant! Das, was mir fehlte, war ein Selbstverständnis der Schriftstellerin als Genie in einer langen Reihe von Genies.

Zwiebel

Zwiebeln sind etwas Gutes. Man findet sie in fast jeder Küche der Welt und gleichzeitig gibt es auf der Welt auch sehr viele Zwiebeln, eine Win-win-Situation ist das. Gekocht schmecken sie süss, gebraten saftig und roh pikant. Ein wirklich erstaunliches Gemüse. Das Zwiebelschälen mögen viele trotzdem nicht. Es gibt sehr viele schlechte Metaphern darüber, die man gar nicht zitieren möchte. Es gibt allgemein viele Metaphern zur Zwiebel, was zeigt, wie wichtig sie für die Menschen ist. Die Zwiebel ist auch wichtig für die Tiere. Nachts singen zum Beispiel die Bauernhoftiere Lieder über die Zwiebel, das ist etwas, was nur ganz wenige wissen. Denn die gekochte Zwiebel gibt der Speise Würze und auch Süsse und sie passt zu jedem Gemüse. Und zu jedem Fleisch, ein Fakt, über den die Bauernhoftiere nachts mit Schrecken singen.

Menschen haben auch schon über die Zwiebel gesungen, aber das kam oft nicht gut heraus. «Ich habe eine Zwiebel auf dem Kopf, ich bin ein Döner» von Tim Toupet ist ein Beispiel. Und das ist eines der wenigen Probleme, die die Zwiebel hat: Sie hat keine Zwiebelgottheit. Denn wenn die Zwiebel eine Zwiebelgottheit hätte, würde sie jeden Menschen, der zu diesem Lied tanzt, auf einen Dönerspiess spiessen und im Fladenbrot verkaufen. Mit viel Rotkraut. Auch das Rotkraut ist ein wunderbares Gewächs. Es sieht super aus und schmeckt trotzdem gut. Wie die Zwiebel ist es, was die Witterung anbelangt, sehr genügsam und im Geschmack rezent bis zum Abwinken. Was so ein Rotkraut und so eine Zwiebel einander wohl alles zu erzählen hätten. Traurig sind sie ob all diesem mediterranen Gemüse, welches man ihnen hierzulande vorzieht. Gemüse ohne Konsistenz, Gemüse, das zu achtzig Prozent aus Wasser besteht und schlapp in den Regalen hiesiger Lebensmittelläden vor sich hin fault. Welche Freude ist da zum Beispiel der Anblick eines wackeren Knollenselleries! Der daneben ganzjährig vor Kraft strotzt und geduldig auf den unteren Regalen auf uns wartet! Auch der Knollensellerie ist ein wunderbar bekömmliches Gemüse, am besten natürlich mit der Zwiebel genossen. Was der Zwiebel nebst einer Gottheit fehlt, ist eine gute Lobby, zum Beispiel in der Regierung. Die Zwiebel-LobbyistInnen hätten hinter den Säulen des Säulengangs des Bundeshauses, dort, wo die ZigarettenlobbyistInnen mit ihren Bauchladen voller Gratiszigaretten und -feuerzeugen warten, die PharmalobbyistInnen mit ihren gratis Modafinil, Ritalin, Temesta und Xanax und die WaffenlobbyistInnen mit ihren … Wir wollen es gar nicht wissen. Also eben dort sollten die Zwiebel-LobbyistInnen kleine Küchen betreiben, dank derer sie sofort tolle Zwiebelgerichte darbieten könnten: Zwiebelsuppe, Zwiebelkuchen, gefüllte Zwiebeln, Zwiebelringe oder Zwiebel-Pakora. Die Zwiebel-LobbyistInnen müssten gar nichts dazu sagen, die Zwiebeln würden sich selbst genügend bewerben.

Da sich die Zwiebel selbst aber nicht gern in den Vordergrund drängt, gibt es leider nur wenige Speisen, die primär auf ihr basieren. Vielmehr verhilft sie allen anderen Speisen zur wirklichen Bekömmlichkeit. Ganz anders als arrogantes Gemüse wie etwa die Spargel, der Kürbis oder die dominante Tomate.

Die Zwiebel ist ein schüchternes, zurückhaltendes Gemüt, welches deshalb ständig unterschätzt oder, ganz schlimm, vergessen geht: Die Zwiebel!! Die doch Dreh- und Angelpunkt jedes Gerichtes ist, wird viel zu oft vergessen!

Bemerkungen

Zu folgenden Texten:

- *Seine Frau* erstmals erschienen in Megafon, Bern (2007).
- *Über das Frauengefängnis* ist erstmals erschienen in La Liesette Littéraire, Biel (2014).
- *Über Berge, Menschen und insbesondere Bergschnecken* erstmals erschienen in poet, Leipzig (2017).
- *Chäs / Käse, 24 Hour Party People oder mein letzter GV, Die Ehre der Schildkröten, Urbane Genüsse, Alte Meisterinnen oder Was der heutigen Schriftstellerin fehlt, ist das Selbstverständnis als Genie in einer langen Reihe von Genies, Künzlis unterwegs* und *Zwiebel* erschienen alle erstmals in der Fabrikzeitung, Zürich (zwischen 2016 und 2019).

Danke

Die Autorin dankt Michelle Steinbeck, Tabea Steiner, RAUF, Marc Baumann und Ursula Meier-Grunder.

Diese Publikation wurde freundlicherweise
mit Druckkostenzuschüssen gefördert von:

www.mikrotext.de
facebook.com/mikrotext
twitter/mkrtxt
instagram.com/mikrotext

1. Auflage 2020

Cover und Coverfoto: Simon Krebs
Satz: Sarah Käsmayr
Schriften: PTL Attention, Zenon, Minion
Druck und Bindung: CPI Books, Leck

Printed in Germany

ISBN 978-3-948631-01-7